AF262056

I 27
n
24657

R∴ L∴   O∴

DES   DE

ARTS-RÉUNIS   **GRENOBLE**

DISCOURS

PRONONCÉS A LA MÉMOIRE

DU

VÉN∴ HIPP∴ BOUVIER

GRENOBLE

IMPRIMERIE DU F∴ ÉD∴ ALLIER

—

1868

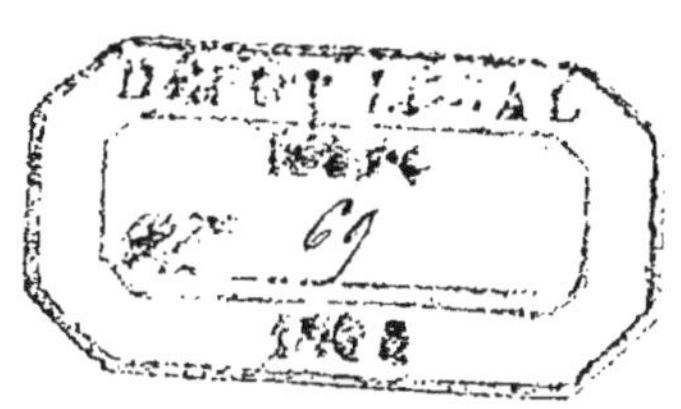

MIPPOLYTE BOUVIER.

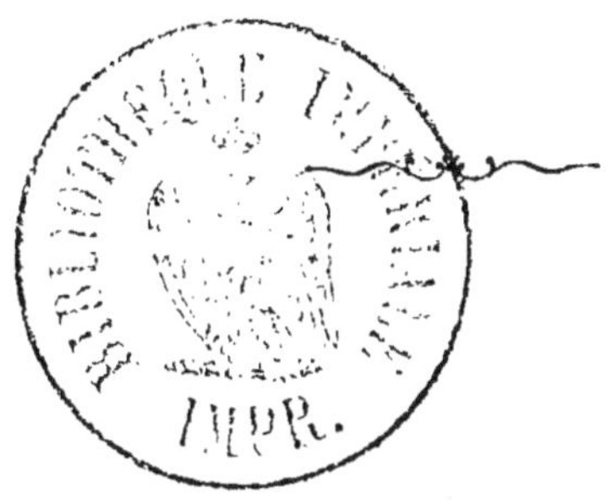

Le 25 avril 1868 (èr.˙. vulg.˙.), la Loge des Arts-Réunis a célébré, sous la présidence de son vén.˙., une Fête funèbre en la mémoire du f.˙. Bouvier.

L'orat.˙. de la L.˙. a rappelé dans un discours religieusement écouté, les qualités d'intelligence et de cœur qui distinguaient notre f.˙. regretté, et sa vie marquée par tant d'actions utiles et généreuses.

Le Vén.˙., dans une éloquente improvisation qui émut profondément les nombreux maç.˙. assis sur les colonnes du Temple, dit un dernier adieu à celui qui avait été son collaborateur, son f.˙., son ami.

Le souvenir de cette cérémonie funèbre restera vivant dans le cœur de tous les maç.˙. qui y ont assisté.

Discours du f∴ Orateur, prononcé à la cérémonie funèbre.

« Mes FF∴,

» Ma première parole au milieu de cet appareil funèbre, dans cette triste solennité dont la mort voudrait en vain revendiquer l'hommage, ma première parole sera l'expression de votre première pensée : *l'âme est immortelle.*

» Si, dans nos réunions ordinaires, j'avais à démontrer cette vérité sublime, qui forme, avec la notion de Dieu et la solidarité humaine, les assises inébranlables de notre temple, je pourrais faire appel à la raison, et lui demander la réfutation des doctrines qui font de la naissance, de la mort, de la pensée, même dans ses conceptions les plus élevées, un phénomène purement matériel, une sorte de combinaison chimique soumise aux mêmes lois que l'agrégation et la dissolution des corps.

» Je pourrais évoquer l'ombre de ces penseurs illustres dont les travaux attestent que la distance qui sépare l'homme de la Divinité n'est pas plus grande que celle qui le sépare des autres créatures, de ces garants immortels de l'intelligence humaine qui, dans le cours des siècles, depuis Platon jusqu'à Jean Reynaud, ont protesté contre l'idée de l'anéantissement par la mort et proclamé une vie future.

» Je pourrais encore, avec un légitime orgueil, rappeler que de toutes les nations, la nôtre fut la première à sceller de son sang sa croyance à l'immortalité de l'âme. Les Gaulois puisaient dans cette croyance ce courage indomptable qui méprisait les armes défensives, bravait la mort, frappait d'étonnement leurs ennemis et se révélait au poète comme un signe distinctif du caractère national :

> Non paventis funera Galliæ (1).
> .... la Gaule,
> Où l'on ne connaît pas la terreur de la mort.

» Ainsi, dès les premiers âges, et lorsque les ténèbres de la barbarie commençaient à peine à se dissiper, le peuple qui devait plus tard être la France, prenait le pas sur les autres dans la recherche des plus hautes vérités et jetait la base de cet empire par l'idée que nos philosophes, nos littérateurs, nos artistes, ont ensuite consolidé par leurs travaux. que la Révolution a élevé jusqu'au faîte et que nous ne saurions laisser détruire sans faillir aux glorieuses destinées de notre patrie.

» Je ne veux pas arrêter davantage vos regards sur ces perspectives de la science et de l'histoire, et c'est au spectacle même de la mort que je demanderai aujourd'hui son témoignage en faveur de l'immortalité.

» Ici, mes F.·., je m'adresserai autant à votre cœur qu'à votre raison. Naguère la Loge accompagnait au champ funèbre les restes périssables de celui qui présida si longtemps à ses travaux. Une foule immense était venue assister à la séparation suprême. Tous les visages avaient pris l'expression grave de la douleur. Des paroles furent prononcées comme si le mort eût pu les entendre. Les cœurs s'entr'ouvrirent pour un dernier adieu. Une pelletée de terre tomba sur le cercueil, et, par un bruit sourd, signal d'un affreux déchirement dans les âmes qui ont aimé, marqua la fin de cette douloureuse cérémonie.

» C'est tout ! disent ceux qui nient l'immortalité de l'âme et la vie future. Un homme qui disparait, un corps englouti dans l'abîme des flots. Pendant quelques minutes, des ondu-

---

(1) Horat. lib. IV, od. XIV, v. 49,

lations circulaires indiquent le point d'immersion ; mais elles s'effacent bientôt ; le calme revient à la surface ; toute trace disparaît : c'est le néant.

» Aujourd'hui, moins que jamais, je ne puis acquiescer à ces doctrines désolantes. Je respecte ceux qui les partagent et je leur reconnais le droit de les professer : ainsi le veut la liberté de penser. Mais cette liberté, qui est notre croyance commune, je l'invoque à mon tour pour proclamer avec la Constitution maç∴ l'immortalité de l'âme.

» Ce n'est pas au sortir de l'enceinte funèbre, dans laquelle notre espoir est d'être réunis un jour à tous ceux que nous avons aimés, le regard encore fixé sur cette tombe entr'ouverte, que nous pouvons admettre le néant, et briser ainsi le dernier lien qui nous attache à ceux qui nous ont précédés, à ceux qui doivent nous suivre.

» Non, ce maç∴, qui naguère était au milieu de nous, que nous avons connu si intelligent, si bon, si dévoué, n'est pas mort tout entier. Sous cette frêle enveloppe brillait comme un flambeau une âme admirablement douée, qui empruntait son éclat à l'exercice incessant de ses plus nobles prérogatives, à la faculté de sentir, à la faculté d'aimer, à la faculté de comprendre et vouloir le bien. La mort n'a pu éteindre ce flambeau intérieur, parce qu'il était immatériel.

» Ces considérations, mes FF∴, ne me sont pas inspirées seulement par le deuil qui nous entoure ; elles avaient ici, à un autre titre, leur place obligée. De tous les principes maçonniques, l'immortalité de l'âme fut celui que professa avec le plus d'énergie le maç∴ dont j'ai à vous présenter une esquisse biographique.

» J'aborde cette tâche glorieuse ; elle eût excédé mes forces si plusieurs de nos FF∴ ne m'avaient donné leur assistance bienveillante. Qu'ils reçoivent ici mes remerciements. Il n'a pas dépendu de ma volonté de coordonner avec plus d'art les matériaux précieux qu'ils m'ont fournis, et qui attendaient un ouvrier plus habile.

» Hippolyte Bouvier est né à Grenoble, le 27 mars 1807. Son père était charpentier.

» Dès ses premières années, Hippolyte Bouvier se montra avec le caractère calme et affectueux, avec l'intelligence active et réfléchie, qui furent plus tard le cachet de son individualité. Malheureusement, par une de ces compensations dont la loi se révèle partout au sage et lui inspire la résignation, la nature l'avait moins généreusement traité sous le rapport physique que sous le rapport moral. Sa constitution était chétive et faible. Une maladie vint marquer la fin de sa première enfance et atteignit chez lui l'organe délicat qui nous transmet les bruits du monde extérieur et sert puissamment notre commerce avec nos semblables.

» Cette infirmité légère augmenta la timidité d'ailleurs naturelle d'Hippolyte Bouvier. Il fit ses études au lycée de Grenoble, y remporta souvent ces victoires pures de sang, dont le souvenir n'est jamais sans douceur, même pour les plus grands capitaines, mais cependant ne put surmonter l'émotion que lui causaient les épreuves publiques.

» Ce fut pour lui comme un avertissement de renoncer aux professions libérales qui exigent une certaine confiance en soi, et pour lesquelles la modestie n'est pas toujours une condition de succès. Il fit d'abord un essai de la ganterie ; puis, ne trouvant pas dans ce métier (qui végétait alors dans la routine et qui attendait pour en sortir et devenir un art, l'impulsion de Xavier Jouvin) un aliment à ses facultés intellectuelles, il revint au chantier de son père, et se fit charpentier. Il acquit bientôt la réputation méritée d'un ouvrier excellent. Son instruction exceptionnelle ne lui avait pas été inutile pour l'initier facilement à la partie théorique de la charpente, lui inculquer plus vite les leçons pratiques de l'apprentissage et relever à ses propres yeux un art qui exige aussi bien l'exercice de l'intelligence que l'emploi de la force et de l'adresse physiques.

» Bouvier partit fort jeune pour le tour de France ; il visita d'abord Paris, où il se fit recevoir compagnon.

» C'est dans cette ville qu'il se fractura les deux jambes en tombant d'une charpente élevée. Au milieu des épreuves douloureuses et du long repos auquel le condamna cet accident cruel, BOUVIER, obéissant à la tendance native de son âme, se mit à méditer sur les abus de l'organisation du compagnonnage et sur les moyens de les réformer. En effet, cette institution présentait trop souvent alors le spectacle d'animosités aveugles et d'habitudes sauvages, persistant au milieu de la civilisation moderne comme un reste d'ancienne barbarie. Au lieu d'éteindre elle ravivait les haines qui divisaient les différents corps d'état.

» BOUVIER, dont le cœur s'ouvrait si facilement aux sentiments affectueux, dut gémir souvent de voir une institution utile dans sa conception primitive, devenir une machine d'égoïsme, de rivalités et de guerre. On dit que sur son lit de douleur, il prépara une réforme du compagnonnage qu'il eut la satisfaction de voir accueillir. Ce succès dédommagea le jeune compagnon des tracasseries et des inimitiés que lui suscitèrent ceux qui faisaient leur profit des abus supprimés.

» BOUVIER fut ainsi, dans l'ordre des idées, le précurseur ou le collaborateur d'Agricol Perdiguier, de ce compagnon menuisier qui mérita le surnom de *la Vertu*, prêcha l'alliance et la bonne harmonie entre tous *les Devoirs*, aux applaudissements des cœurs généreux et entre autres de Châteaubriand, de Béranger, de Lamartine et de Lamennais.

» Permettez-moi de vous rappeler les dernières paroles de Lamennais à Perdiguier, à propos de sa noble entreprise.

» Elles appartiennent à mon sujet comme l'expression des sentiments constants d'Hippolyte BOUVIER, et trouveront de l'écho sous nos colonnes :

» L'union, qui fait la force, est fille de l'amour, de la
» douce charité d'où émanent tous les biens. Lorsqu'on
» marche en un chemin difficile et rude, si l'on veut arriver
» au gîte, il ne faut pas se heurter, mais se donner la
» main. »

» Quoi qu'il en soit de la part prise par Hippolyte BOUVIER à l'amélioration du compagnonnage, ce qui est incontestable c'est l'esprit de concorde qu'il s'efforça, en toute circonstance, de faire régner parmi les compagnons, et dont il donna le premier l'exemple. Apôtre convaincu de la fraternité, il mettait au service de sa cause cette éloquence douce et persuasive qu'il puisait autant dans la bonté naturelle de son cœur que dans son expérience des hommes. Rarement sa parole tombait sur un terrain stérile ; aussi ses frères lui avaient-ils donné le surnom expressif de *Dauphiné-Bon-Accord*.

» Titre modeste, qui pour un ami de l'humanité a plus de prix que les titres pompeux que donnent aux vainqueurs les *jeux sanglants de la force et du hasard.*

» Hippolyte BOUVIER revint bientôt à Grenoble ; il s'y maria en 1832, et chercha dans des entreprises laborieuses l'accomplissement de la loi du travail et le moyen de s'assurer une position honorable et une vieillesse honorée.

» Il ne fut pas toujours heureux ; mais, comme les caractères les mieux trempés, c'est à l'époque de ses revers qu'il montra le plus de courage et de ferme résolution. Adjudicataire de plusieurs ponts sur l'Isère en amont de Grenoble, il vit, sans avoir à se reprocher cet insuccès, son entreprise échouer et dévorer, avec son patrimoine, le fruit de ses labeurs. Dans cette épreuve difficile, BOUVIER fut soutenu par celle qu'il avait associée à son existence. Son courage s'additionna de la fermeté et de la résignation de Madame BOUVIER, et bientôt il se remit avec une ardeur nouvelle, avec la confiance que donne le sentiment de n'avoir point failli, à se refaire une modeste fortune.

» Pourquoi ne dirais-je pas qu'il sortit de cette crise avec la sympathique assistance d'hommes généreux qui avaient apprécié son honnêteté, sa capacité, son amour du travail, et qui s'étaient émus de ses revers immérités ? Dans ces conjonctures fréquentes où l'on voit l'honnête homme heureux tendre sa main et sa bourse à l'honnête homme malheureux, on ne sait lequel il faut le plus envier, de celui qui éprouve de pareils sentiments ou de celui qui les inspire.

» A partir de cette époque, Bouvier vit le succès couronner peu à peu l'opiniâtreté de ses efforts. Moins absorbé par les soucis de ses engagements et par les exigences de ses intérêts particuliers, il put faire plus large la part de son temps et de son activité qu'il donnait volontiers aux intérêts collectifs ou généraux.

» Pendant quatorze ans il présida la société des charpentiers, qu'il entoura jusqu'à ses derniers jours de toutes ses prédilections.

» Pendant de longues années aussi, il servit comme officier dans cette compagnie de citoyens-soldats qui aurait appris le dévouement, si elle ne l'avait connu, sous le commandement de son chef regretté, le capitaine Thevenet.

» Bouvier fut encore chef de bataillon dans la garde nationale organisée après le 24 février 1848.

» A la même époque, il fut appelé au conseil municipal de Grenoble par un des premiers actes du suffrage universel.

» Ces marques réitérées des sympathies publiques, d'autant plus précieuses qu'elles n'étaient pas recherchées et s'adressaient à un homme dont la modestie égalait le mérite, ces témoignages unanimes d'estime et de confiance ne récompensaient pas seulement l'honnête homme, ils récompensaient aussi le citoyen. Bouvier, en effet, n'avait point concentré ses aspirations dans le cercle étroit de son intérêt individuel. Je vous l'ai montré enclin à se dévouer à la chose publique. Son cœur était assez riche pour payer toutes ses dettes d'affection. Il aimait les siens ; il aimait comme des frères les membres de sa société, il aimait sa ville, il aimait sa patrie. C'est sous l'influence de ces sentiments généreux, fortifiée par une raison droite et par une grande connaissance des hommes, qu'il avait mûri ses opinions morales et politiques. Il s'était fait une conviction : il y resta fidèle.

» Peu de ses amis savent qu'il compta parmi les citoyens honorables entre tous, dont le concours désintéressé soutint, après l'avoir fondé, le journal qui, sous la direction d'Alexandre Crépu, s'était donné la mission non-seulement d'être l'organe de la démocratie dauphinoise, mais surtout de faire l'éducation politique de notre population, et, pour y parvenir, de l'initier aux intérêts de cette petite république : image réduite de la grande, j'ai désigné la commune.

» La faveur populaire n'a pas eu de retour pour Hippolyte Bouvier.

» Nous le retrouvons dans les dernières années de sa vie membre du conseil d'arrondissement pour le canton nord de Grenoble, et président de la société de bienfaisance de Saint-Égrève.

» A la même époque, la juste considération dont il était entouré le désignait au choix de l'administration pour les fonctions de membre du conseil des bâtiments civils et de la commission de surveillance de l'asile départemental de Saint-Robert. Plusieurs médailles, décernées à la suite d'expositions industrielles, avaient depuis longtemps récompensé ses études et ses travaux sur l'art de produire la chaleur et de la distribuer dans les appartements, dans les édifices publics, dans les manufactures.

» Cette vie profane, si honorablement remplie, fut comme le reflet de la vie maçonnique d'Hippolyte Bouvier. C'est à la maç.·., en effet, que notre regretté Vénérable avait demandé la règle de sa conduite, le principe de ses constants efforts vers le bien et ses titres à l'estime publique qui l'avait accompagné jusque dans sa retraite.

» Nos archives ne contiennent rien qui permette de fixer la date de l'initiation du F.·. Bouvier. Son nom apparaît pour la première fois le 20 décembre 1835. A peine âgé de vingt-huit ans, il était nommé Vénérable de la L.·. des Arts-Réunis, sans avoir passé par les grades intermédiaires.

» A partir de 1835 jusqu'en 1853, époque où la L.·. se

11

mit en sommeil, le F∴ BOUVIER a été de deux années l'une Vénérable. La Constitution maç∴ alors en vigueur ne permettait pas la continuité du Vénéralat.

» Quand il ne remplissait pas les fonctions de Vénérable, il était premier surveillant ou orateur.

» Il était en même temps T∴ S∴ du C∴ des Arts-Réunis.

» Depuis la réouverture de la L∴ en 1864, le F. . BOUVIER a été deux fois Vénérable, puis enfin Vénérable honoraire.

» Dire quels ont été les travaux de la L∴ pendant ces deux périodes, c'est dresser l'état des services maçonniques du F∴ BOUVIER, car il prit à tous ces travaux la part la plus active et la plus honorable. Quelques-uns même procédèrent surtout de son initiative.

» Dès 1846, la L∴, se préoccupant des infortunés que la nature a privés de la parole, patronnait de ses sympathies et aidait par un subside un établissement récemment fondé à Grenoble pour l'instruction des sourds-muets.

» En 1848, la L∴ votait en faveur d'enfants pauvres sept bourses à l'école primaire supérieure.

» L'année suivante, elle fondait l'institution du patronage des jeunes apprentis.

» A la même époque, la L∴ concourait efficacement à la création de l'association alimentaire, et, pour en vulgariser l'organisation, envoyait à toutes les loges de l'obédience une publication contenant le réglement de l'association, son mécanisme intérieur, sa comptabilité ; bref, les indications les plus minutieuses et les plus propres à faciliter la création sur tous les points de la France d'établissements analogues.

» En même temps, la L∴ s'associait à la pensée qui a organisé à Grenoble le *Lycée du peuple*, l'école professionnelle.

» La plupart de ces travaux se sont accomplis sous le Vénéralat du F∴ BOUVIER. Je pourrais signaler les FF∴ qui partagèrent son zèle et ses efforts ; je crains d'offenser leur modestie. Mais je serais infidèle aux intentions mêmes du

F.·. Bouvier si je ne les appelais à partager le juste tribut d'éloge et d'admiration que réclament cette intelligence à concevoir et cette énergie à faire le bien. Les ouvriers du même labeur doivent avoir le même salaire.

» J'ajouterai que le F.·. Bouvier eut tout à la fois l'honneur et la satisfaction de prendre une double part à la réussite de quelques-unes des créations que je viens de signaler, et d'appuyer par ses votes dans le sein du conseil municipal dont il faisait partie, toutes les propositions relatives au patronage, à l'association alimentaire et à l'école professionnelle.

» Dans les dernières années de sa vie, la santé toujours plus débile du F.·. Bouvier l'avait obligé à renoncer aux fatigues du Vénéralat pour n'en conserver que le titre honorifique. Il avait consenti néanmoins à rester chargé de la correspondance avec les prof.·. qui manifestaient le désir de s'affilier à notre grande famille. Ses amis savent avec quelle finesse toute dauphinoise (et dont son regard pénétrant était souvent l'indice), il remplissait cette mission délicate, et disséquait moralement les postulants, avant de les autoriser à se présenter. Rapprochement singulier : cet homme qui était essentiellement bon et qui croyait au bien comme à la règle commune, se montrait soudainement animé d'une sage défiance vis-à-vis des prof.·. soumis à ses investigations. Sa bienveillance cédait la place à une véritable rigueur; il se faisait violence dans l'intérêt même de l'institution M.·., pour éloigner le péril des affiliations trop faciles, nous enseignant ainsi à écarter de nos mystères les curieux, les indifférents, et surtout les égoïstes. Ce n'est point le calcul de l'intérêt personnel, mais bien le sentiment du devoir qui doit seul ouvrir aux néophytes les portes de notre temple.

» Cependant les souffrances d'Hippolyte Bouvier, plus vives et plus continues, avaient hâté sa vieillesse et marqué le terme de sa vie. Sa force morale n'en reçut aucune atteinte. Depuis de longues années il supportait avec une résignation

-toïque et s'efforçait même de dissimuler aux siens les effets douloureux d'une affection grave aux organes respiratoires.

» Si les étreintes de la maladie devenaient intolérables, il lui suffisait d'un instant de répit pour recouvrer son égalité d'humeur, son enjouement naturel. A son lit de mort, entre deux accès, son visage reprenait sa sérénité ordinaire, et une plaisanterie effleurait ses lèvres, suprême effort de son courage pour tromper les alarmes de ceux qui l'entouraient. Il semblait qu'à l'exemple du philosophe, il dit à la douleur : Tu n'existes pas !

» Les dernières volontés de BOUVIER furent comme l'écho des volontés constantes de sa vie. Parmi les libéralités que lui dicta sa bienfaisance, il faut citer comme un excellent exemple le legs d'une somme de 500 fr. au patronage des jeunes apprentis.

» Ainsi se détacha de son enveloppe mortelle cette âme sereine qui ne s'était ouverte qu'à la conception du bien. La mort fut sans angoisses pour Hippolyte BOUVIER : il entrevoyait la vie future, et pouvait sans orgueil se rendre ce témoignage que sa journée avait été remplie et qu'il allait recevoir du Gr∴ Arch. le salaire que sa justice réserve aux meilleurs ouvriers.

» Je ne vous retracerai ici ni la douleur que la perte d'Hippolyte BOUVIER fit éclater dans la L∴ et dans les L∴ voisines, ni le concours de la multitude à ses funérailles, ni les suprêmes adieux de ses anciens *Compagnons* et de ses frères en maç∴ Ces souvenirs sont présents à vos mémoires.

» Mais il est un dernier hommage que je dois rendre à Hippolyte BOUVIER : c'est de mettre en relief ses qualités M∴ et de les proposer pour modèle à tous les ouvriers de cet atelier.

BOUVIER se signala d'abord par la bienfaisance : comme d'autres guettent l'occasion de faire un gain, il épiait et ne laissait jamais échapper l'occasion de faire le bien.

Il se signala encore et surtout par la tolérance.

Bouvier ne croyait pas facilement au mal et cherchait volontiers aux actions humaines un mobile propre à les justifier ou tout au moins à les excuser. En revanche, s'il ne trouvait pas cette atténuation à une action mauvaise, il la réprouvait, mais sans colère, sans passion, avec la calme sérénité d'un juge.

» Quant aux opinions politiques, philosophiques et religieuses, nul ne poussa plus loin que lui la tolérance qu'elles doivent inspirer à tout maç∴ sincère. La liberté de penser qu'il revendiquait pour lui, il la respectait d'abord chez les autres. Il avait trouvé dans l'excellence de son cœur ce juste tempérament que l'ardeur de la lutte fait souvent oublier aux âmes trop vaillantes, et qui est cependant pour les esprits observateurs et réfléchis l'enseignement le plus clair de soixante ans de révolutions !

» La bienveillance naturelle de Bouvier, son respect pour les opinions qu'il ne partageait pas, s'alliaient à une conviction maç∴ inébranlable. Doué d'un esprit droit et d'un jugement sain, nourri par des lectures faites avec fruit, pénétré des principes de notre institution, il travaillait avec ardeur à l'accomplissement de son œuvre et de ses destinées, unissant dans ses aspirations vers l'avenir la liberté philosophique, la liberté religieuse et la liberté politique. Il se plaisait au milieu du temple, dans ces réunions où règne la fraternité et qui ont pour objet la recherche du bien et du vrai. C'était pour lui comme le foyer où ses qualités affectives et intellectuelles venaient raviver cette chaleur douce et inaltérable qui ne s'est éteinte qu'avec sa vie.

» Quand on perd de pareils hommes, mes FF∴, il n'y a qu'un hommage digne de leur mémoire: c'est de les imiter. Que la mort d'Hippolyte Bouvier soit moins pour nous l'objet d'une vaine douleur que l'occasion d'une résolution virile : il nous a montré la voie du vrai maç∴, suivons-la comme lui avec une constante fermeté, sans forfanterie comme sans défaillance.

» Faisons le bien.

» Soyons tolérants.

» Aimons la liberté.

» Que le temple soit pour nous ce qu'il était pour BOUVIER : l'enceinte sacrée toujours ouverte aux motions généreuses, aux épanchements fraternels, mais fermée aux préoccupations profanes et au bruit des agitations extérieures.

» Assez d'intérêts ailleurs nous divisent, assez d'épreuves réclament notre courage, que la paix ait au moins ici un asile inviolable.

» Les hardis explorateurs des régions intertropicales de l'Afrique racontent que la main prévoyante du Gr∴ Arch∴ de l'univers y a semé dans un océan de sable des îles de verdure. Ce sont les étapes de la caravane qui traverse le désert. C'est là qu'abritée contre l'âpreté du vent et l'ardeur du soleil, elle trouve de l'eau pour étancher sa soif, des fruits pour restaurer ses forces. C'est là que, dans un repos réparateur, elle oublie les fatigues du jour et se prépare à celles lendemain.

» Que cette image, mes FF∴, soit celle de nos réunions devant ces colonnes. Secouons sur le seuil du temple, comme la poussière du chemin, le souvenir des agitations trop souvent irritantes de la vie profane. Que la paix, que la concorde rafraîchissent nos cœurs et les retrempent dans le sentiment maç∴ par excellence, la fraternité. Après cette halte salutaire nous reprendrons avec une vigueur nouvelle la route pénible ouverte devant nous, la route suivie par Hippolyte BOUVIER, et pour la parcourir à notre tour avec le même succès, nous y trouverons, comme l'empreinte de ses pas, la trace de ses travaux et l'exemple de ses vertus.

Discours d'un membre de la L∴, prononcé sur la tombe du f∴ BOUVIER.

« Messieurs,

» Cettte tombe entr'ouverte vient de recevoir la dépouille mortelle d'un excellent citoyen, d'un homme recommandable par les plus grandes qualités de l'esprit et du cœur.

» Le concours imposant de ceux qui m'entourent sur ce champ du repos, le deuil du cœur empreint sur tous les fronts, les larmes de l'amitié qui arrosent cette tombe sont une irrécusable attestation qu'Hippolyte Bouvier avait, par sa droiture et par son patriotisme éclairé, conquis de fortes, de nombreuses, que dis-je ? d'universelles sympathies.

» C'est d'Hippolyte Bouvier qu'on peut dire, avec la plus exacte vérité, que tous ceux qui le connurent l'aimèrent. Oui, la bonté de son cœur, la sérénité de sa conscience, son humeur toujours égale, sa parfaite honorabilité, la sûreté constante de ses relations attirèrent et retinrent toujours auprès de ce véritable homme de bien, par l'attache d'une inaltérable amitié, tous ceux qui avaient pu étudier de près cette nature privilégiée.

» Le citoyen que tant de regrets sincères accompagnent a toujours proclamé étroitement obligatoire la loi du travail et il l'a exécutée jusqu'au dernier jour, avec la plus louable constance, malgré l'affaiblissement de sa constitution, dû aux étreintes réitérées d'une cruelle maladie... Il a poursuivi d'un labeur énergique l'édification d'une fortune honorablement acquise. Mais nous osons et nous devons le dire bien haut, nous qui l'avons vu à l'œuvre, nous qui l'avons bien connu, nous qu'il aimait et qui l'aimions tant, l'accomplissement du devoir qui consiste à assurer la sécurité de la vie matérielle, garantie de l'indépendance personnelle, était pour cette âme d'élite une préoccupation secondaire. C'était à la culture de son intelligence, au développement de la vie morale, pour lui-même et pour les autres, au progrès surtout des institutions qui conduisent à la mise en pratique de la solidarité humaine et de la bienfaisance, ou plutôt de la fraternité universelle qu'il appliquait tout l'effort d'une volonté fortement trempée aux sources les plus pures.

» L'honneur de sa vie, si bien remplie, a été sa volontaire et toujours utile immixtion dans tous les essais tentés ou exécutés autour de lui, depuis quarante ans, en vue du progrès intellectuel, moral ou matériel de son pays.

» Successivement lieutenant de sapeurs-pompiers, chef de bataillon de la garde nationale, conseiller municipal de la ville de Grenoble, membre du conseil d'arrondissement pour le canton nord, il remplit toujours ces fonctions électives avec un admirable dévouement, avec un esprit fin et délié, avec une fermeté tempérée par sa bienveillance naturelle, avec une connaissance approfondie des hommes et des choses.

» L'un des fondateurs de la Société de patronage des jeunes apprentis, coopérateur zélé de toutes les mesures qui ont eu pour but l'extension et le perfectionnement de sociétés de bienfaisance mutuelle, son concours dévoué était toujours prêt pour les choses nobles, pour les entreprises utiles.

» Telle était la notion élevée qu'Hippolyte BOUVIER s'était faite de ses devoirs. *Sursùm corda!* telle était sa noble devise. Sa conduite publique et privée a toujours été à la hauteur de ce ferme idéal dont il fit la règle et le niveau de sa vie tout entière.

» Dans sa vie privée, que de charmantes qualités ! son dévouement sûr, sa bonté prévenante, son esprit conciliant, sa douce gaîté étaient d'un attrait irrésistible. Aussi, l'affection qu'il inspirait allait, comme l'estime, grandissant au fur et à mesure d'une plus complète initiation à tous les côtés aimables de son caractère.

» La perte d'Hippolyte Bouvier est irréparable pour ses amis, pour sa nombreuse et honorable famille, surtout pour la noble et sainte femme, sa compagne bien-aimée, cet ange de douceur et de bonté, dont la délicate tendresse et l'inépuisable dévouement ont adouci si longtemps les souffrances du regrettable ami que nous pleurons : mieux que tout autre elle avait connu et admiré tous les trésors de cette âme d'élite.

» La perte d'Hippolyte Bouvier est une grande douleur pour nous tous. Elle est un vide profond dans cette localité pour laquelle sa sollicitude éclairée fut toujours en éveil. Grenoble, qui lui donna le jour, où il a si longtemps résidé, qu'il a toujours servi comme un fils dévoué, Grenoble à qui il appartenait toujours par la religion du souvenir, Grenoble perd en Bouvier un des citoyens qui se sont occupés avec le plus d'intelligence et de patriotisme de ses intérêts moraux et matériels.

» Au sein de la vie sereine et pure à laquelle tu participes maintenant, accueille, âme généreuse, ce dernier témoignage, bien affaibli, bien incomplet de notre vive et bien fraternelle affection. Ton souvenir bien-aimé ne s'effacera jamais de nos cœurs... Que ta vie si bien remplie nous serve à tous d'exemple et de modèle !

» Puissent ces sentiments sincères porter quelque allégement à l'immense douleur de celle à qui notre ami regretté a dû la part de bonheur qu'il lui a été donné de goûter sur cette terre !!!

» Adieu, âme forte et généreuse !

» Adieu, le meilleur et le plus sûr des amis !

» Adieu, excellent citoyen !

» Adieu, le meilleur des frères !

» Adieu, parfait maç... !

» Adieu ! adieu ! sept fois adieu !

Discours du 1er Surv∴, prononcé au nom de la L∴ sur la tombe du f∴ BOUVIER.

« Mes FF∴,

» Avant que cette tombe se referme, j'ai une tâche douloureuse à remplir; au nom de la L∴ des Arts-Réunis, je dois un dernier adieu à celui qui fut notre vénérable.

» Je le dois aussi, au nom de tous ceux qui sont venus saluer une fois encore le maç∴ incarné, le type de l'homme juste, de l'homme libre, de l'homme bon. Tous nous sentons bien que c'est au bord d'une fosse, alors que les mots vont au cœur à travers l'émotion, qu'il faut se retremper en interrogeant l'œuvre de celui qui n'est plus pour en retenir les enseignements.

» Le vén∴ Bouvier était une individualité peu commune; il se distinguait entre tous par la constance dans les opinions, la simplicité dans la vie, la grandeur du caractère.

» Oui ! le F∴ Bouvier était un homme; mais il faut distinguer entre l'homme et l'homme.

» On peut être puissant par l'esprit, mais on n'est grand que par le caractère, c'est seulement par lui qu'on échappe aux entraînements du succès et qu'on reste juste, c'est-à-dire libre, le F∴ Bouvier a vécu dans des temps orageux, il a pu se mêler aux événements, sans y laisser jamais sa conscience et sa dignité, parce qu'il y eut toujours en lui l'abnégation, la simplicité.

» Ces vertus tenaient à l'homme privé, comme à l'homme public; nul ne mérita mieux l'affection, nul ne commanda mieux le respect et l'estime. On sentait, en l'approchant, comme un parfum de haute moralité qui rendait meilleur.

» Ah ! si le F∴ BOUVIER reste un de ceux qui ont le mieux réalisé l'idéal maçonnique, c'est qu'il fut lui-même un ouvrier convaincu, c'est qu'il fit des principes de la franc-maçonnerie la règle de sa vie, c'est qu'il ne détourna jamais les yeux de notre immortelle devise. Il est mort l'esprit préoccupé de nos travaux, et sa foi ne fut pas un instant ébranlée par ces courants nouveaux qui passent au travers de notre séculaire édifice. La hardiesse des idées, la nouveauté des aperçus, ont laissé sans inquiétudes ce vétéran de la franc-maçonnerie. Il voyait avec bonheur grossir nos rangs, et la libre discussion ramener au sein de nos temples la vie, la force et le progrès.

» Mes FF∴, nous avons besoin de ces grands, de ces simples exemples pour nous consoler de l'histoire de l'homme. Nous avons besoin, pour vivre et mourir, de voir autour de nous bien vivre et bien mourir.

» Merci, vén∴ BOUVIER ! vous avez illuminé notre horizon par une vie de moralité, de dignité et de travail.

» Vous êtes parvenu au terme du voyage en aimant la liberté et en pratiquant la fraternité. Nous voulons sécher nos larmes, et honorer votre mémoire, en suivant vos traces, en continuant votre œuvre.

» Vén∴ BOUVIER, merci et adieu !

» Jeudi, 23 janvier 1868.

6452. — Grenoble imp. Allier.

www.ingramcontent.com/pod-product-compliance
Lightning Source LLC
Chambersburg PA
CBHW061802060726
47597CB00007B/3066